安全行为小百科

出行有规矩

安全行为小百科编委会　编

地震出版社

图书在版编目（CIP）数据

出行有规矩 / 安全行为小百科编委会编. -- 北京 :
地震出版社, 2022.10 （2023.11重印）
ISBN 978-7-5028-5464-5

Ⅰ.①出… Ⅱ.①安… Ⅲ.①交通安全教育—少儿读
物 Ⅳ.①D035.37-49

中国版本图书馆CIP数据核字(2022)第132697号

地震版XM5661/D(6297)

出行有规矩
安全行为小百科编委会　编
责任编辑：李肖寅
责任校对：鄂真妮

出版发行：地 震 出 版 社
北京市海淀区民族大学南路9号　　邮编：100081
销售中心：68423031 68467991　　传真：68467991
总编办：68462709 68423029
http://seismologicalpress.com
经销：全国各地新华书店
印刷：河北文盛印刷有限公司

版（印）次：2022年10月第一版 2023年11月第3次印刷
开本：787 × 1092 1/16
字数：90千字
印张：4
书号：ISBN 978-7-5028-5464-5
定价：28.00元

目录

一、车水马龙的街道

今天是周一，清晨的阳光笼罩着车水马龙的街道。自行车与电动车争分夺秒，小汽车在鸣笛与拥堵中艰难前进；步行的人匆匆赶路。

高睿、冯周与杜可相约一起去上学，一路上聊得不亦乐乎。聊到兴起处，冯周兔子般蹦起来，却猛地被一只手用力抓住，下一秒，一辆车几乎与他擦身而过。

凉风滑过脸庞，冯周的心跳陡然加速，呆呆地回头，迎面是高睿严肃地训斥："过马路你们还打打闹闹，是真不把生命安全当回事啊！"

这时，杜可才注意到马路对面的红灯已然亮起，汽车呼啸而过，要不是高睿及时阻止，后果不堪设想。

她连连退后几步，喃喃自语："太危险了，就差那么一点点。"

“在马路上行走，一定要注意力集中，聊天或看手机这种分散注意力的事情很可能引发交通事故，你俩刚才就是典型的反面教材。”

不一会儿，绿灯亮起来，高睿拍了拍二人的肩膀，跟随人群走上人行道。走到一半多，绿灯开始闪烁，提醒行人马上就要变红灯了。

眼见两边的车蓄势待发，杜可慌了神，高睿一手抓着杜可的胳膊，一手轻推了一把冯周，快步前进，赶到对面。

“好险，差点就过不来了。”冯周对刚才的一幕还心有余悸。

“这要是走到半路信号灯变了该怎么办？”杜可问。

“要赶快过马路，千万不要慌张。”高睿答复她。

“是啊，刚才一慌，我感觉都不会走路了。”杜可边走边点头赞同。

“如果是没有信号灯的人行道，通过时要注意避让车辆，先看左边来车，到了路中间就要看右边来车，千万不要在车辆开得离你很近的时候跑着过马路或者往回返。”高睿又补充道。

在高睿的引导下，一行三人再一次顺利通过人行道。

“过人行（道），细观察，遇车辆，要避让。通过时，先看左，走到中，再瞧右。灯闪烁，莫慌张，快步走，不回头。”冯周摇头晃脑地将刚才高睿讲的注意事项编成“三字经”，惹得同伴哈哈大笑。

“还要加一句：‘绿灯亮，要冷静，观八方，后行走。’即便是绿灯，也要先确定左右没有车辆再过马路，要防止有些司机不遵守交通规则。我们没办法未卜先知，只能保护好自己。”高睿补充道。

走着走着，冯周看到了邻居家的弟弟小满正骑着自行车从他们身边经过。

“咦？”冯周发出疑惑的声音。

“怎么了，冯周？”杜可问。

冯周说：“刚刚我看到了邻居家的弟弟骑着自行车去上学了。但我记得，老师好像讲过，未满12周岁的儿童不准在道路上骑自行车。”

“你记得没错，并且要在规定的非机动车道里骑车。那个弟弟是错上加错啊。”高睿说。

“放学后我就去跟他说，给他也普及一下交通安全知识。”冯周话音未落，杜可就迫不及待地插嘴：“那要是电动车呢？”

“跟骑自行车要注意的事项差不多，但要记住骑电动车时一定要佩戴安全头盔。还有，只有年满16周岁，才能骑电动车。”高睿回答道。

“为什么呀？”杜可刚说出口，突然一声尖锐的刹车声响彻天空，每个人的心都颤抖了一下。

一辆电动车倒在路上，旁边停着一辆大货车。听目击者说，原来是这辆电动车仗着体型小，随意变道超车，大货车从侧面驶来，电动车来不及躲闪被撞倒。幸亏大货车司机刹车及时，电动车主没有受伤，只是蹭破了皮。

“你们知道佩戴安全头盔的作用了吧。如果不佩戴，惯性会让头部受到猛烈撞击，那样就后悔莫及了。”高睿慢条斯理地说，“而且骑电动车一定要控制好车速，不要为了逞一时之快，而将安全抛在脑后。骑车时决不能飙车。”

杜可跟冯周连连点头，这一路上，他们经历了那么多惊险时刻，虽然化险为夷，但生活不会一直那么幸运，需要处处小心，时时注意。

安全小贴士

认识以下交通标志

自行车道

机动车道

人行横道

红绿灯

注意安全

坐电动车安全规范

1. 戴好头盔，坐车时不要系长围巾穿长裙，以防卷入后轮。

2. 不要站在踏板上，更不要在踏板上放小凳子代替正规儿童座椅。

3. 坐车时不要打伞，不要让父母抱着自己坐。

4. 不坐超标电动车；不坐没有上牌的电动车。

5. 未满 16 周岁，不得骑电动车。

思考一下，你认为还需要注意什么呢？快来写一写吧

过马路安全规范

1. 过马路时一定要注意力集中，玩手机、聊天都很容易分散注意力，造成交通事故。

2. 过马路时要留意交通信号灯的变化。红灯亮时禁止穿越马路；绿灯亮时也要看清左右，确认没有车驶来才可以过马路；走到一半时信号灯变了，要快速过马路，勿惊慌。

3. 在横过没有信号灯的人行横道时，要注意避让车辆。先看左侧来车，到了路中间注意右侧来车，目测车速和距离，确认安全再通过。不要在车辆临近时突然横过或者中途倒退、折返；不要与机动车抢行。

4. 不能为了赶时间或贪图方便而翻越护栏，要走人行横道、立交桥或地下通道。

5. 严禁在车行道内停留、嬉闹；严禁在道路上扒车、追车、强行拦车和抛物击车。

6. 儿童过人行横道时，应高举一只手，以便驾驶员提前发现。

停车!!!

二、小小劝导员

这天早上，冯周像往常一样出门上学，刚走出门外，恰好碰见了小满父子，小满爸爸笑着邀请冯周：“冯周啊，今天别走着去了，叔叔开车送你跟小满一起去上学。”

冯周听后，清脆地向叔叔道谢，牵着小满的手，跟着小满爸爸来到停车处，一边聊天一边等车倒出停车位。

“那不是吴姨家的小豪吗？”冯周指着不远处蹲在地上玩积木的小男孩说。但小满爸爸的车子离小豪越来越近，丝毫没有减速的意思，直直地就朝着他倒了过去。冯周立马冲了上去。

“停车！”冯周闭上眼用尽力气大喊一声，他好像已经看到小豪被压在车底的场景。千钧一发的时刻，一声急促的刹车声响起，随之而来的是一阵慌乱的脚步声。

冯周睁开眼，呆若木鸡的小满站在不远处，面前的小豪安然无恙，手里还拿着一截木头，不知所措地任由小满爸爸紧张地检查他的身体，所幸毫发无损。小满爸爸将小豪抱到路边，提醒他不要一个人在路上玩耍。

冯周对擦着额头上的汗的小满爸爸说："叔叔，您这是碰到驾驶盲区了。"

"是啊，倒车的时候在后视镜里完全没有看到小豪，倒车雷达也没提醒，多亏了你那一声大喊，不然小豪要是有个三长两短，我怎么跟他家人交代啊！"小满爸爸面色苍白。

车平稳地向前开着，一路上，哥哥弟弟似乎有说不完的有趣事。突然，小满爸爸手机响了，他下意识地将右手离开方向盘去拿手机。

冯周恰好看到小满爸爸的这一举动，赶忙说：“叔叔，开车接电话是很危险的，属于危险驾驶行为，您还是不要接了，被摄像头抓拍到还要扣分。”

听到后，小满爸爸把手重新放回方向盘上。小满不解地插话问道：“我爸爸开车可厉害了，单手开车没问题的。用不着这么苛刻吧。”

冯周听后，耐心劝导小满：“这不是苛刻，是对自己和别人的生命安全负责。安全的事儿一丁点也大意不得。很多交通事故就是由于司机一时疏忽酿成的。”

小满爸爸一边目视前方，一边接话说：“冯周说得对，要严格遵守交通法规，就是在安全这杆秤上多添砝码。爸爸做的是错误示范，你以后要记得不能犯同样的错误哦！”

“我长大后肯定比爸爸更遵守交通规则！”小满昂起脑袋大声说。

赶到学校时，还没等车熄火，小满就推门要跳下车去，车门打开的瞬间，一辆自行车恰好经过，还没等小满反应过来，自行车一个急刹车，骑车人摔倒在地。

骑车人坐在地上，胳膊被擦伤了好几道，自行车也躺在一边。冯周赶紧与小满爸爸合力将车主扶起来。

“小满！你总是这么冒冒失失的。我之前是不是跟你说过，开车门时要先回头看看有没有人经过吗？就是怕发生今天这样的事故。”

“孩子还小，您也别太责怪他。我相信经过这次教训后，他一定会牢牢记在心上的。”自行车主温和地说。

“对不起，叔叔，害您受伤。我以后保证不会再犯了。”小满低着头，愧疚地向骑车人道歉。冯周看着真心悔悟的小满，知道虽然他犯过很多错，但吃一堑长一智，以后肯定也会成为一名遵守安全规则的小学生。

安全小贴士

汽车盲区

汽车盲区是指视线被车体遮挡而不能直接观察到的区域，在此区域内玩耍很容易酿成交通事故，车辆从静止到启动过程中主要有三个盲区需注意。

车头盲区

车头前方一米多的距离属于车头盲区，当儿童在车头盲区蹲下停留或玩耍时，在驾驶室内无法直接看到，很容易造成意外事故。

车尾盲区

后备厢向后的区域属于车尾盲区，不能过分依赖倒车雷达或倒车影像等电子辅助设备来观察。在车尾 6 米左右的范围内，就算是成年人蹲着玩手机，在驾驶室内也无法看到，相比车头盲区，这里的安全隐患更大。

车底盲区

车内视线无法看到此处，各种电子辅助设备也无法探测到，假如有儿童或动物位于车底，此时开动汽车就会酿成惨剧。

驾驶盲区安全隐患大，驾驶员上车前要绕车辆周围一圈，观察好地形、障碍物以及是否有人位于上述盲区处，保障安全出行。

坐私家车安全规范

1. 禁止未成年人坐副驾驶位。

2. 上车系好安全带。

3. 不要将头、手、腿、脚伸出车窗之外；不要探头出天窗。

4. 不要与司机交谈，以防其走神。

5. 下车开门时，要留意后方有无电动车、自行车或行人经过，以防撞伤对方。

思考一下，你认为还需要注意什么呢？快来写一写吧

三、地铁飞奔侠

学校要选派几名同学参加区里举办的安全有奖竞赛，高睿、冯周与杜可都在入选之列。这天清晨，他们准备搭乘公交车去往地铁站，但赶到公交站时，发现站台上已经挤满了人。

好不容易排队上了车，“车辆起步，请扶稳坐好……”的语音播报响起，公交车随即起步，还没有抓好扶手的冯周踉踉跄跄，向前倒去，撞到了旁边的女生。

“哎呀！”女生惊叫出来，身体向一边倒去。离冯周最近的杜可连忙腾出一只手想拉住他，却被惯性带着和冯周倒向同一方向。

高睿当机立断，先稳住自己，然后一手拉住冯周的胳膊，一手拉住杜可，旁边的乘客也帮忙扶住被冯周撞到的女生。在大家齐心协力下，三人终于恢复平衡。

“好险好险。”杜可被吓得面色苍白，吐着舌头说。

“刚才太可怕了，如果没有拉住你俩，你们就有可能摔伤。切记，上车后要先抓好车上的扶手，以免在紧急刹车或者车辆起步时摔倒。”高睿对二人说道。

十分钟后，公交车到站，冯周站在离门最近的位置，刚要一个箭步往下冲，被高睿拦住了：“别着急，下车前先仔细看看是否有自行车、电动车等从车门这边经过，以免被撞。下车后，禁止从公交车车头前绕行。”

来到地铁站等候时，三个人正商量着竞赛的事情。一个提着行李包的青年从他们身边经过，斜靠在上车口的地方等车，还低头玩着手机，这一站还没有安装安全门，不时有风从空荡荡的闸门处吹来。

只见前一秒还说得眉飞色舞的冯周突然闭上嘴，快步走到青年面前，嘀咕了几句，青年低头看了一眼地上，往后退了几步，笑着拍了拍冯周的肩膀，似乎在道谢。

冯周回去后，高睿和杜可好奇地问他发生了什么事。冯周回答说：“你们没看到那个哥哥刚才踩到黄线了吗？我过去提醒他退到黄线外。”

“做得对！列车行驶速度很快时，我们与列车之间就会形成压强差，就像有一只无形的大手，把我们推向列车。”杜可说得头头是道。

6号线

“空气有时候也是魔鬼啊，能把我们推进危险里。”高睿感叹着说。

地铁进站了，人群有序地走进车厢。

“可算没有公交车上那么挤了，能稳稳地站好。”冯周作势伸了个懒腰，滑稽的模样惹得高睿和杜可哈哈大笑起来。

三人有说有笑时，高睿余光瞥见站台外飞快地掠过一抹身影，朝车门飞奔而来。但是关门提示音已经响起，身影丝毫没有减速的意思。

“危险！”高睿惊呼，想要阻止却也来不及了。这一声惊呼同样引起了冯周和杜可的注意。

电光石火间，身影嗖的一下跳上了车，地铁门也几乎在同一时刻关闭。上车的

嘀嘀

是一个背着大背包的青年。

“啊！”几个人心里一惊，以为是青年被地铁门夹到，刚要上前查看，就见地铁门又缓缓地打开，青年背后一松，急忙向前窜了两步，原来是背包被门夹到，虚惊一场。

“大哥哥，您这样太危险了，这次是幸运，夹到的只是背包，下次万一夹到了自己呢？那可是会受伤的！”冯周严肃地对青年说。

青年不好意思地摸了摸脖子，表示自己以后一定不再犯同样的错误。

经过这样惊险的一幕，高睿、冯周和杜可更加意识到安全出行的重要性，一路上，几个人仔细地把准备过的安全竞赛知识又温习了一番。地铁在飞速前进，车窗上也不时投射出三个人讨论的剪影，那么坚定，也那么认真。

安全小贴士

乘坐公交车安全规范

1. 务必排队候车，车辆停稳后再上。如果人多拥挤，不妨等下一班车。

2. 即使车上没有座位，也不要站在车门边，以防车门突然打开时被甩出车外。

3. 上车后抓紧扶手，以免紧急刹车或拥挤时摔倒。

4. 不要将头和手伸出窗外，以防受伤；不要在车上掏耳朵或咬舌头，以免车辆颠簸时误伤自己。

5. 上车时把书包放到胸前，以免被挤掉或被车门夹住。

6. 车辆停稳后有序下车。走出车门前仔细看看左右是否有通行车辆，不要急冲猛跑，以免被路过的车辆撞倒。

7. 下车后，横穿马路时要走人行横道，不要在公交车未驶离时抢行。

乘坐地铁安全规范

1. 不要携带易燃、易爆以及有毒、有害危险品上车。

2. 不要在站台奔跑嬉戏，不要翻越闸机和护栏。

3. 在站台候车时，站在安全线以外等待，以免不小心掉落站台发生危险；上车时听从车站工作人员指挥，有序上车，不要拥挤。

4. 避免靠近车门，确保身体与车门之间留有空隙。

5. 如遇事故，列车停下后应看清周围环境如何，再决定是否下车。下车后待在原地等待救援人员的到来。

思考一下，你认为还需要注意什么呢？快来写一写吧

水运
经营

四、让我们荡起双桨

因为在安全教育竞赛中拔得头筹，学校奖励高睿、冯周、杜可每人一张湿地公园的门票。这是远近闻名的湿地公园，很难抢到票，三人很是兴奋。

进入公园后，大家立刻沉浸在眼前的美景里了。到处繁花似锦，芦苇在微风中摇曳，弯曲的栈道绵延至芦苇深处，清澈的河水在路两旁静静流淌。

三个人沿着栈道慢慢走着，不知不觉中，来到了一片湖泊前。

“我们去乘船游湖吧！”冯周提议。

“好啊，你们看，那里就有条船！”眼尖的杜可一下就发现了不远处的芦苇丛旁，露出了半截船身。

话音刚落，一个光头男人从船的方向满脸堆笑地走了过来，压低了声音问道：“小朋友，你们要坐船吗？我的船可是又结实又轻快。”

“好啊！”杜可不假思索，脱口而出。

高睿拉住她，上前一步问：“叔叔，您有水运经营许可证吗？”

“什么？什么许可证？”男人张着嘴，一脸疑惑。

“如果您的船没有交通主管部门批准的经营许可证，也没有营业执照或者有关管理部门颁发的安全合格证的话，我们是不能乘坐您的船的。”

“这……”男人一下子被说蒙了。

“叔叔再见。”高睿快速地拉着冯周以及杜可离开了。

他们找到了公园的工作人员，汇报了这一违法情况。

工作人员说：“我们公园是有游船的，但是园区面积太大，一个疏忽被人钻了空子。多亏了你们的举报，这不仅让你们的安全得到了保障，更是保护了其他旅客的生命安全啊！”接着，又为三人指明了正规游船所在地。

在售票处买好票，工作人员给三人穿救生衣，提醒他们保管好随身物品，以免掉入水中。

吹着凉爽的风，伴着蓝天白云，湖水悠悠，他们的心中有一种说不出的放松与快活。

“要不我们来合唱《让我们荡起双桨》吧。”高睿提议。

“让我们荡起双桨，小船儿推开波浪……”

船行驶到湖心处时，晴朗的天空却突然阴了起来，乌云密布，隐隐传来雷声。

“快要下雨了。”杜可皱着眉头担心地说道。

就像是故意应验杜可的话似的，一阵大风吹过，豆大的雨滴便开始落下。船在湖中被风吹得猛烈摇晃起来。三人在船里东倒西歪。

“怎么办啊，我不会游泳啊！我们会不会掉进水里？”杜可惊恐地喊着，手到处乱抓，想要稳住自己，可奈何风力太大，她就像失控一般，被水浪无情地抛来抛去。

“小朋友们别害怕，坐稳了，我已经给公园应急救援处打电话了。他们马上就赶到。”工作人员大声安慰他们。

又是一阵大风呼啸而过，只听见扑通一声，冯周被掀了出去！

“冯周落水了！”杜可惊恐地喊道。

高睿一手抓住扶杆，缓缓靠近船边，惊喜地发现冯周一只手死死地攥住了船沿，并没有完全落入水中。

“坚持住，冯周！”他一把抓住冯周的胳膊，脸全被雨水打湿了。

眼看着冯周就要坚持不住了，千钧一发之际，一艘救援船开着灯朝他们靠近。

救援船成功来到他们附近，救援人员跳入水中，将冯周救起来，并将高睿、杜可以及工作人员一一救到船上。四个人浑身是水，脸色惨白地用毛巾擦着冻得冰冷的身体，哆哆嗦嗦地说不出话。

几分钟后，救援船成功停靠在岸边。下了船，救援队员说：“突然就来了这阵恶劣天气，幸好你们穿好了救生衣，也没有乱跑影响船的稳定性，不然船翻了可就麻烦了。”

三人连连点头，冯周感叹道：“回到陆地的感觉真是太好了！”

搜
救

安全小贴士

乘坐景点游船安全规范

1. 在景区指定的正规场所乘船，出发前确认船只的安全性能，查看船上的救生设备是否齐全，确认船只最大容量，不可超载。

2. 上下船时要尽量踩在船的中部，重心不能偏移，避免让船过度晃动。

3. 上船后在船舱内规定区域入座，不乱动，不站立，不坐船舷上，避免摔倒，与老人、儿童一同出行时要格外注意。

4. 选择安全水域，走成熟的游玩线路，风浪来时，自身不要随着船只晃动而晃动。

5. 遇到大风大雨、浓雾等不良天气时，不要冒险下水。不要乘坐渔船、非载客船等进行户外野游。

思考一下，你认为还需要注意什么呢？快来写一写吧

登机口 A158
11:30

五、 空中历险记

十一假期，舅舅带着杜可乘飞机去云南拜访亲戚。早上九点，他们来到飞机场，拿着身份证到柜台换了登机牌，办理好行李托运，然后排队做安全检查。

“小可，身份证、登机牌、随身背包，一样都没少吧？”舅舅问道。

杜可又仔细检查了一遍，朗声回答：“都在呢。”

“那就好，这‘三件套’务必看管好。”舅舅摸了摸杜可的脑袋。顺利通过安检后，根据登机牌上显示的号码，舅舅领着杜可来到指定登机口，等待上飞机。

杜可刚想戴上耳机听会音乐，舅舅阻止她说：“登机前要注意听广播通知，不然可能会错过登机。”

“各位旅客请注意，您乘坐的××次航班现在开始登机……”

“是我们的航班！”杜可拉着舅舅的胳膊有些兴奋地说。

“是的，带好行李跟‘三件套’，我们准备登机喽！”舅舅站起身笑着对杜可说。

登机后，杜可无比好奇地瞪大眼睛环顾四周。“看把你新鲜的。先找到自己的座位坐下，别耽误后面的乘客。”

“找到座位坐好后，要仔细阅读前排椅背上的安全须知。飞机起飞时，要关闭电子设备，系好安全带。”舅舅对杜可讲道。

“为什么要关闭电子设备呀？”杜可不解地问。

“因为电子设备发出的电磁波会干扰飞机与地面的无线信号联系，导致飞机偏离航线。”

“这样啊！”杜可恍然大悟。

这时，一个乘务人员拿着安全带在过道内向大家演示如何正确系安全带。杜可一边看一边自己尝试着。

“锁扣要朝上。”“系得要低一点、紧一点。”舅舅在一旁指导她。

“没想到，坐飞机还有这么多要注意的。”杜可长呼一口气，感觉脑子里塞进了很多新知识。

“飞机一直在天上飞，也许出现突发状况时危险系数要更大一点，所以要严格做好防护。尤其是在起飞与降落期间，这两个时间段被称为黑色13分钟。”舅舅一字一句地说，“如果没有系好安全带，一旦发生意外，人就很容易被甩出座位，后果不堪设想。”

“咦，这是什么？”杜可指着另一个乘务人员手中的东西问。

“这是氧气面罩，在飞机发生故障时会自动从舱顶掉落下来，防止旅客缺氧。”舅舅微笑地说，“仔细听，他们在演示氧气面罩的用法。”

乘务人员演示完，伴着轰鸣声，飞机飞上了天空。

突然，随着一声巨响，飞机剧烈颠簸起来。

“怎么了，这是怎么了？”飞机内的乘客惊慌地互相询问。

广播开始响起：“由于飞机气压问题，现在需要紧急迫降，请大家坐在座位上系好安全带，戴好氧气面罩……”

话音未落，氧气面罩呼啦啦地从舱顶落下来。

“小可，快戴上面罩！”舅舅一把拉下面罩，对吓得不知所措的杜可喊道。

杜可如大梦初醒，脑海里紧张地回放刚才学到的正确佩戴流程。“要用力拉下面罩，一手将绳子固定在头部，另一手把氧气面罩固定在口鼻处……”杜可一边在心里念叨着，一边迅速地佩戴。

“戴好了吗？”已经佩戴好氧气面罩的舅舅打算帮助杜可。

“戴好了！”杜可回应道，差点没哭出声。她怎么也没想到真的会遇到这样的紧急情况，之前还心存侥幸。

不知道过了几分钟，广播再次响起，告诉大家危险已经解除，飞机将马上落地。听到这一好消息，杜可摘下氧气面罩，伏在舅舅肩上小声啜泣。

“活着真好！生命安全实在是太重要了。”杜可发自内心地意识到，安全知识就是生命的守护者。

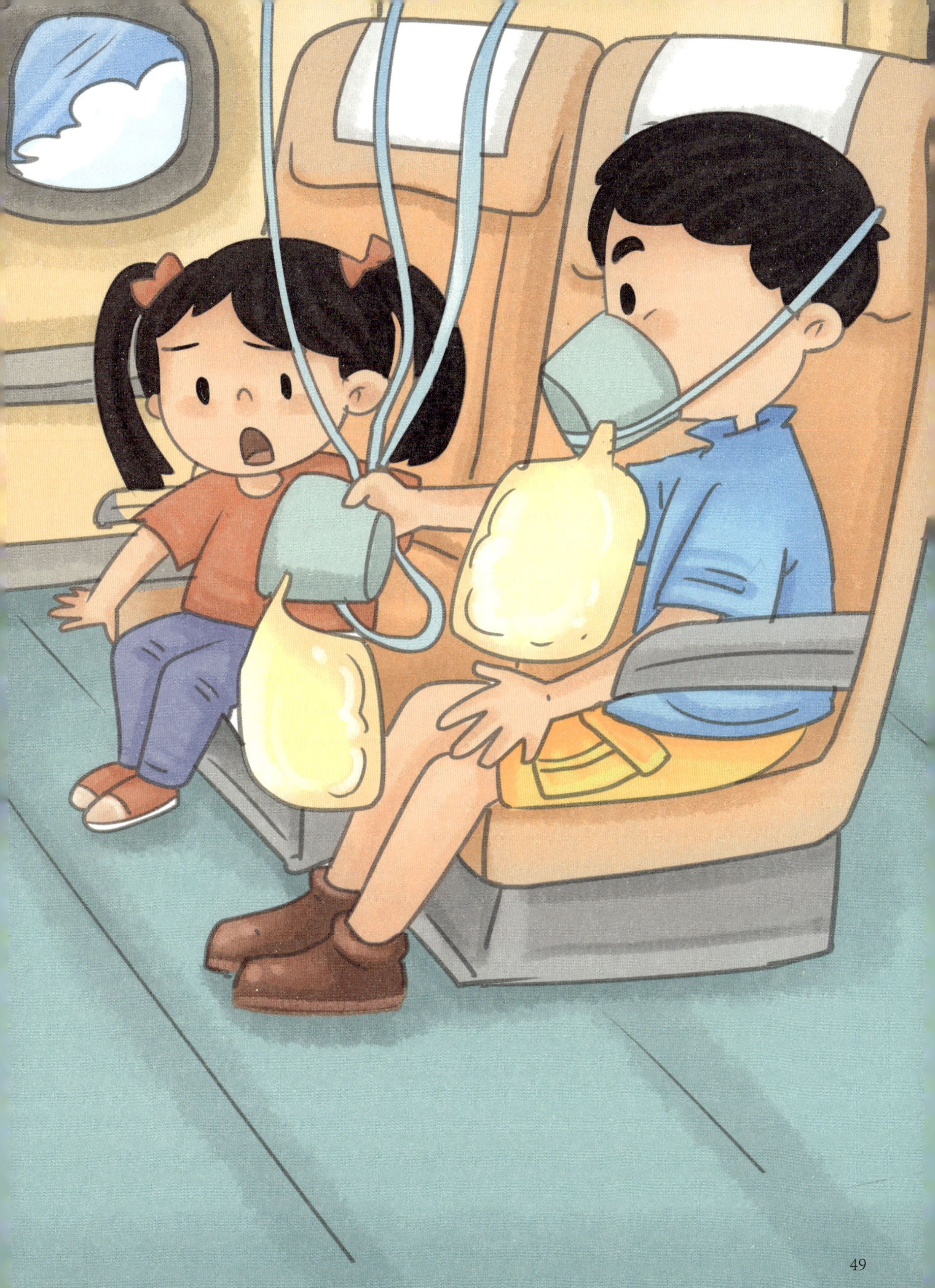

安全小贴士

乘飞机安全规范

1. 登机后，认真阅读前排椅背上放置的安全须知，观看乘务员的介绍和示范，熟练掌握系上和解开安全带的方法，学会使用氧气面罩。

2. 飞机起飞和降落未停稳前，要坐稳并系好安全带，严禁起身站立。

3. 飞机起飞及着陆过程中，要打开遮光板，收起小桌板，并调直座椅靠背。

安全带使用方法

系安全带时，锁扣务必朝上，尽量减少物品的阻隔。

解开安全带时，打开锁扣，拔出插片。

安全带应系得低而紧。

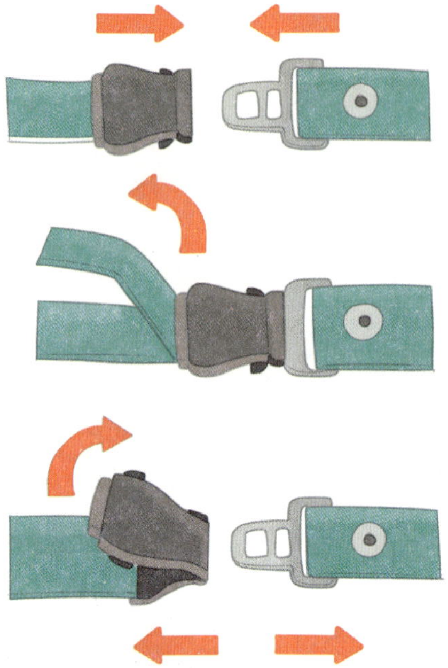

思考一下，你认为还需要注意什么呢？快来写一写吧

飞机事故应急规范

1. 飞机发生故障预兆：机身颠簸；飞机急剧下降；舱内突然减压；舱外出现黑烟；发动机停止运作；舱内出现烟雾或扬尘。

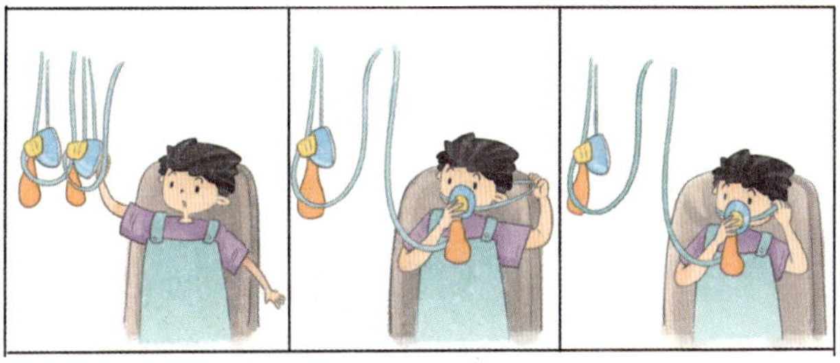

2. 飞机颠簸时，应系好安全带，不要离开座位。若颠簸强度较大导致飞机失压，应及时戴好从头顶上方掉下的氧气面罩。

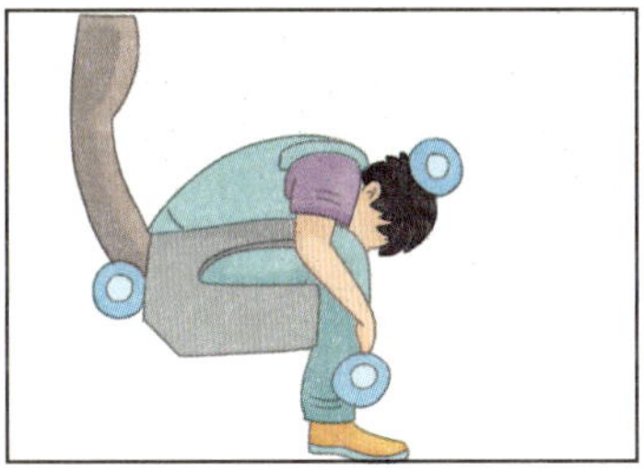

3. 当飞机需要迫降时，应立即取下可能伤害身体的尖锐物品，打开遮光板，收起小桌板，系好安全带，将双腿分开，低头，两手抓住双腿。飞机即将着陆时，两手要用力抓住双腿，屏气，使全身肌肉紧张，来对抗飞机着陆时的猛烈冲击。

4. 飞机停稳后，立即解开安全带，听从工作人员指挥，从充气逃生梯滑下，逃离至距飞机200米以上的上风向区域，防止飞机爆炸。

六、 头顶上的花盆

这天吃过午饭后，住在同一个小区的高睿与冯周约好去踢足球。经过一栋老小区时，冯周看到楼的外立面上画了许多有趣的涂鸦，便停下来饶有兴趣地欣赏。

高睿仰了仰头，恰好看到楼上的阳台上摆放着一盆花，急忙拉着冯周躲远，同时嘴里说道，“不能站在墙边上。”

“为什么呀？”冯周不解地问他。

“老师上课讲过，不要站在楼房前面，容易发生危险。如果走在高层建筑多的路段，尽量走防护内街，可以增加安全保障。你看见楼上阳台上摆放的花盆了吗？要是不小心掉下来怎么办？”

冯周顺着高睿的指示抬头望去，果然看到一盆花，他的脑海里瞬间脑补出被花盆砸到脑袋的场景。一想到这里，冯周顿觉毛骨悚然，鸡皮疙瘩都起来了。

他刚往后退了几步，突然刮起一阵大风，本就摇摇欲坠的花盆真的从楼上掉了下来，咣当一声，正好砸在他之前站的位置，碎了一地。冯周吓得一激灵。

“好险好险，你说得对，我以后再也不站在楼房前面了。”冯周捂着胸口说。

“不仅要小心高楼的墙面装饰和摆放物，还要留心观察周围的情况。每逢刮风下雨天时更要注意，像街上的广告牌，小区的玻璃，还有工地上的砖石，都有可能成为夺命杀手。”高睿严肃地说。

听到声响的楼上业主“噔噔噔”跑下楼来查看情况。正巧经过的物业管理人员也看到了刚才发生的惊险一幕。

业主连忙对冯周表示道歉：“对不起啊，小朋友，害你担惊受怕了。下次我会注意将花盆放到阳台的安全位置，不会再出现这种情况了。”

物业管理人员对业主说：“从高空坠下的物体，小到

棋子、钥匙，大到晾衣架、烟灰缸，都能使人受伤甚至死亡，钢板、防盗网等庞然大物的坠落更让人触目惊心。这些意外随时可能发生，我们必须做到小心看顾，避免高空坠物。”

“棋子、钥匙，这么小的东西从高处落下也能砸伤人吗？”冯周问道。

“当然了，你们可能想象不到，高空坠物的杀伤力有多大。一颗麻将，从20层落下，就可以让人手指骨折；一枚4厘米长的铁钉，从18层落下，可以插入人的颅骨；一块巴掌大小的西瓜皮，从25层落下，击中人头部可致人死亡；一个鸡蛋从4层抛下就可以把人头顶砸出个肿包，若是从18层落下，能砸破人的头骨，从25层抛下，冲击力足以致人死亡！”物业管理人员细致地举例。

“天哪！想象不到，简直太可怕了！”冯周惊呼道。

“那我们在日常生活中该怎么有效避免高空坠物呢？”高睿问。

“几个方面需要定期检查：门窗边缘螺丝和窗框是否出现松动脱落；外窗玻璃是否变形、破裂或发生松动；阳台上的悬挂物是否松动；阳台上的花盆等是否有坠落风险。”工作人员答道。

“所以，多关注和检查这些方面，就可以做到有效防护，避免灾难的发生。”高睿若有所思。

“之前新闻里就不时报道关于高空坠物所酿成的惨祸，我们小区有个人就是被六楼邻居的花盆砸到头部，现在还在医院昏迷呢。这次可算是切身了解到如何自我保护，如何减少高空坠物的发生了。”冯周感叹道。

“是啊，人人都要清楚地意识到高空坠物的恐怖之处，这不仅是对自己负责，也是对他人负责，要做一个有公德的人。”高睿总结道。

重新走在路上，高睿发现冯周再也不走楼房前了，遇到有广告牌的地方都远远绕开。高睿打趣道：“这是一朝

被蛇咬，十年怕井绳呀！”

冯周认真地回答：“这是吃一堑长一智，安全知识记心间。”

安全小贴士

高空坠物责任如何认定

根据我国法律，在高空坠物案件中，只要找不到肇事者，不能自证清白的住户都要承担连带责任。

延伸法条

建筑物、构筑物或者其他设施及其搁置物、悬挂物发生脱落、坠落造成他人损害，所有人、管理人或者使用人不能证明自己没有过错的，应当承担侵权责任。所有人、管理人或者使用人赔偿后，有其他责任人的，有权向其他责任人追偿。

——《中华人民共和国民法典》第一千二百五十三条

禁止从建筑物中抛掷物品。从建筑物中抛掷物品或者从建筑物上坠落的物品造成他人损害的，由侵权人依法承担侵权责任；经调查难以确定具体侵权人的，除能够证明自己不是侵权人的外，由可能加害的建筑物使用人给予补偿。可能加害的建筑物使用人补偿后，有权向侵权人追偿。

——《中华人民共和国民法典》第一千二百五十四条

思考一下，你认为还需要注意什么呢？快来写一写吧

行人如何防范高空坠物

1. 警惕高架广告牌。因大风或自然松动，可能导致广告牌瞬间倒塌坠落。

2. 注意居民楼坠物。阳台上的花盆等摆放物可能会因为主人操作不当或大风而坠落。

3. 小心高楼的墙面装饰物和窗户玻璃碎片。

4. 注意建筑施工工地的坠落物。安全防护网若不齐全，砖石物料可能从上方掉落。

5. 关注警示牌通告。常坠物路段通常贴有警示牌等标志，注意查看并绕行。

6. 刮风下雨天更要注意。尤其沿海地区，多风暴雨天气是坠物高峰期。

7. 购买人身意外保险。

高空坠物的杀伤力有多大

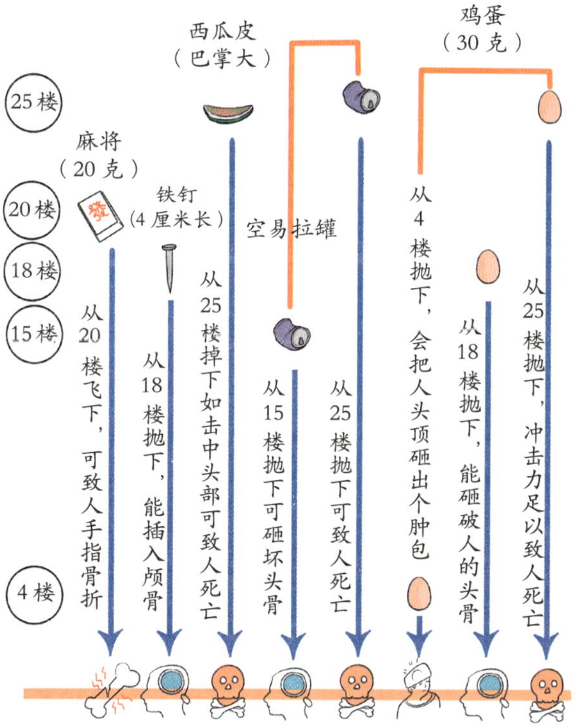